SANACIÓN POR CRISTALES

LA GUÍA DEFINITIVA PARA PRINCIPIANTES:
DESCUBRE EL PODER DE LOS CRISTALES
CURATIVOS, PIEDRAS Y MINERALES PARA LA
SALUD Y LA FELICIDAD

DIMAS SAUSEDA

Copyright 2019 - Todos los derechos reservados.

El contenido de este libro no puede reproducirse, duplicarse o transmitirse sin el permiso directo por escrito del autor o el editor.

Bajo ninguna circunstancia se atribuirá culpabilidad ni se responsabilizará legalmente al editor ni al autor de ningún daño, reparación o pérdida monetaria debido a la información contenida en este libro. Ya sea directa o indirectamente

Aviso Legal:

Este libro está protegido por los derechos de autor. Este libro es únicamente para uso personal. No se podrá enmendar, distribuir, vender, usar, mencionar o parafrasear cualquier parte o contenido de este libro, sin el consentimiento del autor o editorial.

Aviso de exención de responsabilidad:

Favor de notar que la información contenida en este documento es solo para fines educativos y de entretenimiento. Todo el esfuerzo fue hecho para presentar información precisa, actualizada y completa. Ningún tipo de garantía viene declarada o implícita. Los lectores reconocen que el autor no está comprometido en presentar consejos legales, de tipo financieros, médicos, ni profesionales. El contenido de este libro ha sido obtenido de diversas fuentes. Favor de consultar a un profesional antes de intentar realizar cualquiera de las técnicas descritas en este libro.

Al leer este documento, el lector acepta que bajo ninguna circunstancia el autor es responsable de las pérdidas, directas o indirectas, que ocurran como resultado del uso de la información contenida en este documento, incluidos, entre otros, - errores, omisiones o inexactitudes.

❦ Creado con Vellum

ÍNDICE

Introducción — vii

1. ¿Qué es la sanación con cristales? — 1
2. Los beneficios de la terapia con cristales — 13
3. Aspectos específicos y prácticos — 23
4. Principales cristales y sus efectos sanadores — 33
5. Tres terapias básicas con cristales — 43
6. Pasos para activar y despertar la energía del cristal — 49
7. Prácticas avanzadas para la sanación con cristal — 57

Conclusión — 67

INTRODUCCIÓN

La sanación con cristales tiene raíces ancestrales y desde siempre se han conocido sus propiedades sanadoras y benéficas.

Hubo incluso cultos a las piedras preciosas y todo por las propiedades que cada una de ellas tiene. Actualmente se valoran por la belleza o su exclusividad más que por sus efectos en nuestro entorno.

Dentro del reino de la naturaleza se encuentra una gran familia: humanos, animales, vegetales y minerales.

Los minerales podría decirse que también son seres vivos, especialmente las piedras preciosas que se destacan en evolución por sobre el reino mineral.

Se debe entender que un ser vivo es una entidad con conciencia, aunque para nosotros sea difícil entender cómo son otras conciencias que están en estados alejados de nuestra perspectiva humana.

Dentro del reino animal se encuentran muchos tipos de cristales y cada uno tiene unas cualidades especiales distintas al resto. Tener el conocimiento de estas propiedades puede sernos de gran ayuda para potenciar o sanar distintos aspectos de nuestro ser.

En la sanación con cristales se utilizan sus propiedades de absorción y concentración de la energía que hay alrededor. Lo más interesante es que los cristales pueden programarse de manera deliberada para que realicen ciertas funciones.

Los cristales facilitan el trabajo de sanación, protegen y llenan de armonía.

Ya estamos claros de que los cristales no solo son un elemento de la naturaleza. A través de la sanación con cristales se consigue el poder de transformar y generar beneficios a todos nosotros.

En este trabajo se va a desarrollar lo que es la sanación con cristales, sus beneficios para la salud y cómo aplicarlos en la vida.

Se puede incluso decorar la casa con algunos cristales, es natural que estas piedras hermosas coloreadas formen parte de algún rincón de la casa, una estantería o donde sea, dejando al final un lugar lleno de armonía y organización.

Pero los cristales valen muchísimo más que un simple adorno. Las terapias con cristales se usan como un elemento principal para curar los dolores emocionales y físicos.

Los cristales logran que se equilibre el campo energético, debido a sus propiedades químicas y físicas, los cristales son poderosos y cargan el campo electromagnético con un alto poder vibratorio.

El profesional usa los cristales para realizar limpiezas energéticas, proporcionando mejoras en la salud y bienestar.

Conoce todo lo que puede conseguirse con los cristales y el poder de cada uno de ellos.

¿QUÉ ES LA SANACIÓN CON CRISTALES?

La sanación con cristales o gemoterapia es una alternativa que se basa en el poder de las vibraciones que tienen los cristales, además del poder curativo de estos minerales que provienen del corazón del planeta y que se forman en el transcurso de miles de años.

El tratamiento de sanación con piedras se hace con la intención de balancear energías, promueve el cambio y manifiesta algo etéreo en el plano material.

Cada gema tiene propiedades llenas de energías particulares que afectan de diversas formas el plano físico, emocional y espiritual de la persona que las usa.

El proceso de sanación con cristales está basado en

el hecho de que todo lo que nos rodea, incluyéndonos, se compone por átomos y estos a la vez están compuestos de protones, neutrones y electrones. Todo gira y vibra en un campo electromagnético.

Cuando se usan los cristales, se introduce su vibración particular y crea un cambio en este campo energético con el que se trabaja, sea el cuerpo humano o un campo específico.

Los efectos pueden ser palpables de inmediato o quizás progresivamente y muchas veces depende de diversos factores como la intención con que se hace el tratamiento, el cristal que se elija y las terapias usadas.

Hay ciertos cristales y piedras que se usan para la sanación, el cuarzo trasparente es quizás el más conocido por su vibración única y la capacidad energética que tiene, la cual lo ha llevado a ser usado no solo para la salud alternativa sino en el diseño de computadoras, relojes y otros aparatos eléctricos.

Breve reseña de la sanación con cristales

La palabra cristal proviene etimológicamente del griego "Krystallos" que se traduce como "hielo líquido"; en China le dicen "piedra viva" y el pueblo tibetano dice que el cuarzo lleva en su interior un trozo de cielo.

Actualmente asistimos a un renacimiento de conocimientos que se han perdido, es allí donde renace la sanación con cristales, son muchas las culturas que a lo largo de la historia han utilizado las gemas con diversos fines.

Podemos encontrar las culturas de Medio Oriente, Egipto, Asia Menor, Grecia, Roma, América, entre muchas otras.

Siempre se ha asociado a las gemas con la magia y su conocimiento trascendental, aunque son muchas las culturas que usaban los minerales con fines curativos a nivel físico, como los griegos que usaban el ámbar molido y mezclado con huevos para combatir el veneno.

Ya hoy se sabe que las gemas usadas eran pocas, ya sea por lo difícil de extraerlas o por la dureza de algunos cristales que impedían ser pulidos con la tecnología de entonces. Los cristales conocidos eran en su mayoría de baja dureza.

Algunos minerales eran usados para construir monumentos sagrados como las pirámides de Egipto y otros eran apreciados por sus hermosos colores, como la cornalina naranja, o pensaban que la magia de la luz se había quedado solidificada como con los cuarzos claros, pronto empezaron a crear amuletos y talismanes para eliminar los malos espíritus, demonios y para atraer prosperidad, fuerza, salud y hasta poder asegurar el viaje de paso a otra vida.

No sabemos cómo las culturas antiguas tenían conocimiento de las propiedades sanadoras de los cristales, pero hoy en día, miles de años después, se sabe de un inmenso número de tratamientos efectivos para la sanación mental, física y espiritual.

Dentro de las leyendas más antiguas que hace mención de los cristales, está el desaparecido Continente de la Atlántida. De origen mitológico, no podemos hablar de la historia de la sanación con cristales sin mencionar el aporte que presuntamente hicieron.

Los Atlantes usaban los cristales para canalizar y aplicar la fuerza cósmica. El poder del cristal debió de servir en aplicaciones físicas y prácticas, algunos piensan que la destrucción de este continente tiene parte en el uso egoísta y errado de este poder que repercutió ante la caída de su civilización.

Grandes sabios de la Atlántida trataron de preservar

aquella ciencia heredada de sus antepasados, con el temor de que los cambios y cataclismos pudieran acabar con los archivos, optaron por no transcribir este conocimiento.

Con sabiduría programaron y determinaron cristales, almacenaron aquella información y la ocultaron en el interior de la tierra.

Sabían que en su justo momento ascenderían a la superficie y atraería a los seres humanos para canalizar y propagar el saber que almacenaron. Los supervivientes de la Atlántida reanudaron una vida nueva, repartiendo su conocimiento entre Egipto, América del Sur y el Tíbet.

En la Biblia se hace mención de un peto de doce piedras preciosas, combinadas en cuatro filas, llevado por Aarón, llenándolo de poderes divinos, aunque no se especifica qué piedras tenía, la Biblia atribuía su concepción a Dios, recalcando sus extraordinarios poderes espirituales.

Los reyes de la India, debían quedarse con las mejores gemas para protegerse de los sufrimientos. Los astrólogos la recomendaban a las personas que padecían algún mal para que pudieran contrarrestar los efectos negativos.

En la sangre real se ha caracterizado el uso de los cristales, cuando un miembro de la familia real enfermaba se le rodeaba de una colección de cristales para su sanación.

Al descubrir la tumba del rey egipcio Tutankamon, el mundo entero se quedó maravillado ante esta gran cantidad de piedras y riquezas.

Los Mayas la usaban para diagnosticar y tratar las enfermedades, en la mayoría de los poblados indios de América se usaban cristales de cuarzo transparente para ver el futuro.

Algunas tribus mexicanas pensaban que si uno no llevaba una buena vida, tras la muerte el alma moraría en un cristal. Si alguien daba con este cristal, este se ponía en comunicación directa con su corazón, curando, guiando y convirtiendo sus sueños en realidad.

Hoy se usan los cristales para emitir e incrementar la potencia en diversas energías según variados métodos. El rubí es usado en la cirugía microscópica por láser.

Los cristales de cuarzo se usan para aparatos de ultrasonido, en relojes y en la memoria de ordenadores.

A nivel espiritual las piedras y los cristales se usan en las meditaciones para desarrollar la intuición y ayuda a ponerse en contacto con seres de otras dimensiones, como nuestros guías espirituales.

Se pueden usar distintos métodos para situarse en vibraciones energéticas, por ejemplo a través de la meditación, la respiración y otras técnicas.

¿Qué es exactamente este tipo de sanación?

Para conseguir los beneficios, los cristales se pueden usar como talismanes, durante una sesión de sanación o colocándolo en lugares donde se pasa mucho tiempo como en la oficina, el dormitorio o el auto.

Se puede usar como talismán, las piedras se meten en una bolsa de seda y se carga en el bolsillo o puede coserse a la ropa interior, también se puede usar como joya en brazaletes o collares.

En las sesiones de terapia de cristales, estos se ponen alrededor y sobre la persona en los puntos de energía que son llamados chakras. Cada uno de los chakras proporciona una función y un bienestar en particular, tanto a nivel físico como espiritual y al introducirlos en su campo energético afecta estos puntos en particular.

Usualmente la terapia con cristales incluye una evaluación de cada chakra para poder determinar los cristales que se van a usar y dónde se van a colocar.

Esta es una evaluación frecuente hecha con un péndulo de cuarzo transparente, rosado o negro, se coloca encima y este va a identificar las áreas a trabajar.

Cuando los cristales se ponen en un cuarto o en el auto, se está buscando crear un ambiente energético específico, como la relajación, o para poder dormir, recuperarse de una enfermedad o para estar alerta, prepararse para estudiar o para trabajar.

En algunas ocasiones se pueden usar cristales específicos para casos aislados como un dolor de cabeza, o insomnio, colocándolos en la mesa de noche o en el escritorio.

Los cristales se pueden almacenar, transmutar y transmitir su energía, algunas veces esta energía proviene directamente del mineral y otras la piedra es un canal para lograr la energía universal.

En el momento de darle uso a los cristales para fines terapéuticos, es importante que se reconozcan los aspectos, físicos, emocionales o espirituales que se quieren tratar en cada uno de nosotros.

Al momento de escoger los cristales para balancear la energía, es importante que se use la intuición para conocer el efecto o la compatibilidad con un cristal específico, se puede sostener en la mano izquierda unos cuantos minutos y concentrarse en la reacción que causa. Por lo general son los cristales por los que nos sentimos más atraídos o que producen paz y armonía.

La terapia de los cristales se puede complementar con otros métodos alternativos como las esencias florales, reiki, cromoterapia o la meditación con ángeles y se ha usado sin presentar efectos secundarios en personas de todas las edades y condiciones físicas. Empero como en el caso de todas las sanaciones con energía, es importante entender que estos tratamientos no reemplazan el cuidado médico tradicional.

¿Por qué es importante conocer la sanación con cristales?

Los minerales están dotados de vibraciones intensas a nivel molecular, esta vibración por medio de la resonancia actúa sobre la vibración de otros cuerpos y le generan un equilibrio.

La función de los cristales y minerales es actuar en la

energía en la que la persona está envuelta, o sobre el centro de energía alterado, para poder restablecer la armonía y el equilibrio natural perdido.

La gemoterapia usa los minerales, cristales y piedras preciosas para poder sanar el cuerpo energético, con eso los minerales logran el equilibrio, la protección y armonizar y aportar claridad mental.

Las piedras y las gemas tienen que ser naturales, nada de piedras artificiales, tampoco las piedras de laboratorio o las reestructuradas. Los minerales naturales son como los seres vivos, llenos de energía, dotados de memoria y con cualidades individuales, se puede decir que son únicos y con personalidad propia.

Los minerales crecen y se desarrollan por millones de años, así que no se es testigo de sus alteraciones, esto lleva a creer que las piedras y cristales son estáticas y sin energía, ya que a simple vista parecen inmutables.

Cuando se usan los minerales para la gemoterapia se deben tener en cuenta los aspectos como la carga energética de la piedra o la memoria, por tanto se debe hacer un trabajo de limpieza y reprogramación, especialmente si estos minerales han pasado por un proceso de pulimento, tallado o cualquier intervención.

En la naturaleza se encuentran minerales de diversas formas, geodas puntas, hexagonales, con facetas, se le cambia la forma para aumentar su belleza, poder o conseguir cualquier beneficio adicional.

Las formas de los minerales interfiere en la manera en la que estos canalizan la energía, así podemos usarlos de diversas maneras para varias finalidades.

El ejemplo de esto se puede señalar en las esferas de minerales que agrandan su energía en todas las direcciones, son muy indicadas para la visualización de las energías y acceder a información escondida en la psiquis, ayuda a ver lo oculto o lo que no se quiere ver.

Hay otros aspectos de gran importancia que deben ser tomados en cuenta cuando se usan los minerales, como el color y las calidades químicas y físicas que más adelante se analizarán.

2

LOS BENEFICIOS DE LA TERAPIA CON CRISTALES

*P*roporciona relajación profunda

Los minerales pueden ayudar a entrar en un estado de relajación profunda, para esto es necesario centrarse en tres minerales emblemáticos como son la amatista, el cuarzo rosa y la malaquita.

Lo primero que se debe hacer es aislarse, se sitúa en una habitación donde se sepa que nadie va a aparecer a generar interrupción, donde haya comodidad y relajación.

Se puede poner la habitación en penumbra, usar incienso e incluso poner música ambiental que dé relajación, con todo esto se consigue relajar el oído y el olfato.

Cuando se ha creado el ambiente relajante y tranquilo, llega el momento de poner los cristales.

Se coloca la amatista en la frente justo encima del tercer ojo, dos dedos arriba de la nariz. La amatista con sus reflejos purpura ayudará a calmar la mente y generará tranquilidad.

Luego se va a poner el cuarzo rosa sobre el chakra corazón, de esta manera los reflejos rosados de este cristal calmarán al chakra y aliviará las emociones, disgustos, traumas y otras dolencias.

Finalmente se colocará una malaquita en el plexo solar, justo debajo del esternón y así se podrá calmar el diafragma y por lo tanto la respiración, permitiendo un mejor funcionamiento del flujo de energía entre los chakras inferiores y los superiores. Este es un chakra que se relaciona con el exterior y se cierra cuando se sufre un ataque del entorno.

Por lo que se está en un punto de acumulación de tensión que tiene gran influencia sobre la tranquilidad mental y física. Lo ideal es hacerlo echado y desnudo de cintura para arriba.

Se colocan los minerales sobre la piel en cada lugar señalado, la duración de la sesión durará de acuerdo a cada uno, lo recomendable puede ser de media a una hora.

Ayuda en la eliminación de bloqueos

La gemoterapia es un arte avanzado que tiene la capacidad de influir en el aspecto espiritual, mental, físico y emocional del ser.

A lo largo de la historia los cristales han simbolizado luz, sanación y sabiduría. Los antiguos egipcios ponían piedras en las envolturas de sus momias para mantener la energía de sus centros e incrementar la ayuda en el viaje al otro mundo.

Los hindúes han utilizado las piedras preciosas como armonizadores de los chakras que rigen la energía de los cuerpos. La gemoterapia es uno de los métodos empleados en medicina alternativa para ayudar a curar física, mental y emocionalmente al individuo que así lo requiera.

Los cristales miden el campo energético del individuo, concentrado en los llamados vórtices o chakras aplicando distintas disposiciones de cristales sobre los puntos y trabajando los bloqueos haciendo que la energía comience a fluir nuevamente con facilidad.

Mayor sensación de bienestar

La gemoterapia rescata los usos ancestrales de estos elementos energéticos formados en el centro de la tierra, contiene magia y sabiduría, las piedras llenan de armonía el plano físico, mental y emocional, abre canales de conexión con el mundo espiritual y lo dota a quien los usa de sus múltiples beneficios.

Generalmente se clasifican las gemas por colores, sabiendo que según el chakra con el que se trabaja se abren los canales de conexión con el mundo espiritual.

Se puede usar en diversos ambientes de la casa para aportar energía especial, hay cristales que armonizan a las personalidades, según los signos del zodiaco, los cristales conectan con los mundos angélicos.

Ayuda a desintoxicar

Los cristales sirven para poder desintoxicar el cuerpo, entre esos se puede hacer limpieza para perder peso y eliminar las toxinas del organismo.

Esto se puede hacer con piedras y cuarzo:

La amatista ayuda a enfrentar la ansiedad con el apetito, es ideal para el desorden compulsivo por la comida.

La angelita resuena con la garganta, ayuda a equilibrar las glándulas tiroides y paratiroides, puede servir como diurético y es ideal para controlar el peso.

Por su parte la aragonita es una supresora del apetito por su capacidad de centrar las energías físicas y es realmente útil en los tiempos de estrés.

El heliotropo es un excelente desintoxicante y ayuda a mejorar el metabolismo.

La cornalina ayuda a controlar los antojos y a desintoxicar el cuerpo, mejorando la salud en general. El cuarzo citrino limpia las energías y elimina lo que no se necesita física y emocionalmente.

El topacio mejora el metabolismo y quema calorías; por su parte la cianita refuerza el sistema inmune y ayuda a combatir los antojos y la necesidad de comer.

El cuarzo rosa ayuda a incrementar el amor propio y desintoxica el estado emocional que lleva a reducir el desorden alimenticio. La sodalita ayuda encontrar balance en el desorden alimenticio.

Estos son apenas algunos cristales, hay muchos más con efectos diuréticos, es importante aclarar que los cristales no son mágicos, son asistentes que ayudan a alcanzar los objetivos con más rapidez.

Se deben limpiar los cristales; más adelante se explicará cómo hacerlo, así como la programación que también se explicará.

Luego viene usarlos:

- Hacer agua con el cristal.
- Traerlo consigo en una bolsa o en un accesorio.
- Ponerlo debajo de la almohada.
- Meditar con el cristal.
- Hacer una rejilla de cristales para liberarse del peso.

Mientras se come se puede mantener el cristal en la palma de la mano o ponerlo en la mesa y manifestar que el cuerpo solo lo requiere en ese momento para eliminar cualquier cosa que necesite.

Combate a la depresión y el estrés

Los cristales ayudan a combatir los estados depresivos y la ansiedad. En estos momentos hay una serie de plagas de depresión y ansiedades en el colectivo.

Dentro del mundo de las piedras se encuentra una

gran variedad de minerales que son útiles para tratar los problemas difíciles.

Ayuda a combatir las alergias

El uso terapéutico de los cristales existe desde hace mucho en diversas culturas. Mientras que los egipcios usaban el lapislázuli para comunicarse con los dioses, los mayas usaban los cristales para diagnosticar enfermedades y el jade era usado en China como piedra sagrada que prolongaba la vida y atraía el amor. Actualmente la gemoterapia puede ser usada para curar las alergias.

Las piedras preciosas y semipreciosas se usan en diversas funciones según su origen, la forma, el color y la temperatura de cada mineral. Las propiedades sanadoras de las gemas se deben a la energía que retienen de la tierra y se transmite a nuestro cuerpo, produciendo una sensación de relajación y vitalidad.

Para curar los síntomas de las alergias, la piedra más eficaz es la fluorita, es de color lila, pero son muchas las gemas que cumplen esta función, cualquier cristal que tenga influencia en nuestro sistema inmunológico sirve de ayuda para nuestras dolencias como la malaquita o el ágata.

Alivia los dolores de cabeza y los dolores musculares

Los cristales se pueden programar para aliviar los dolores de cabeza. La aguamarina es uno de los primeros que funcionan para poder aliviar este malestar así como los dolores musculares.

La aguamarina se conoce como una piedra del chakra de la garganta, este cristal lleva una energía calmante que alivia el estrés y la tensión. Limpia el chakra de la garganta que puede bloquearse cuando se prohíbe a una persona decir su verdad.

Esta es una piedra que puede hacer una doble función para el dolor del cuello y la cabeza, pero también se encuentra el lapislázuli, que equilibra y estimula el chakra de la garganta lo que puede ayudar a reducir el dolor del cuello, pero también abrir el chakra del tercer ojo. Por ello es excelente para aliviar el dolor de cabeza.

Una de las piedras ideales para el alivio general del dolor y la curación general es el cuarzo claro, se conoce por su ayuda para limpiar los chakras y ayudar al flujo de energía por medio de los chakras.

El cuarzo transparente puede ser colocado en cualquier área del cuerpo para eliminar los bloqueos energéticos, esto debido a sus propiedades de amplificación, el cuarzo claro puede ser programado para la curación.

Con la amatista se puede aliviar el dolor, esta es una piedra altamente limpiadora, que ayuda remover los desechos de energía de los Nadis que son canales para que fluya mejor la energía por el cuerpo y los chakras.

Es un cristal altamente espiritual y protector que proporciona apoyo emocional.

Ayuda en la elevación vibracional

Según el tipo de cristal con el que se esté trabajando el campo grupal o la mente se encuentra en un subplano distinto, de ahí que se esté hablando de que hay minerales que vibran más alto y piedras totalmente inertes.

Por ejemplo, una piedra común de montaña tiene una vibración muy baja en el plano físico, pero los cristales y las gemas se pueden usar para la sanación, ya que se encuentran cercanos al plano emocional.

Por eso algunos tipos de cristales, especialmente las piedras preciosas o con alta vibración, poseen un inconsciente colectivo o campo morfogenético que se encuentra en las primeras capas del plano de las emociones o el planto astral, lugar donde está la mayoría de los campos energéticos grupales de las plantas y animales.

Según el tipo de piedra con la que se trabaje, se tiene una vibración incluso más alta que la vibración del cuerpo etérico de un ser humano, que es la primera capa del aura, el primer cuerpo sutil que nos rodea.

3

ASPECTOS ESPECÍFICOS Y PRÁCTICOS

Cómo elegir cristales

Esta es la gran pregunta, ¿cuál es mi mineral? El primer paso es que la afinidad por una piedra va a ir cambiando a lo largo de la vida o puede que no, eso depende de la evolución de cada persona.

A medida que se va familiarizando con el mundo se verá que en muchos momentos de la vida una piedra va a llamar más que otra. El consejo en estos casos es que se le siga el juego a la intuición.

Ya sea que se usen piedras, gemas, cuarzos o cristales para el uso personal o para la terapia de meditación, reiki, adivinación etc., se tiene que saber que cada piedra tiene una vibración en una frecuencia distinta y que el cuerpo sabe encontrar a la perfección el que es bueno para él sin que la mente influya.

Aquí se entra en el mundo de lo inexplicable, el consejo es que se abandone a él, hay que dejarse llevar, sea por el color, el tacto, la percepción, un deseo, lo que sea que llame la atención con ese cristal. No se le puede buscar justificación ni hay explicaciones para eso.

Se toma la piedra, y se siente, sosteniéndola sobre la mano, ella misma sabrá decir si es la indicada o no, siempre y cuando se sepa escuchar, hay que aprender a disfrutar de ellas, así se puede entrar en el mundo distinto donde todo es más sencillo de lo que parece.

Hay que darse cuenta de que ellas están aquí antes que nosotros, que traen en su interior el poder y la vibración de la madre tierra, solo se tiene que pensar en las capas profundas en las que se han creado, a altísimas temperaturas a la que son sometidas y si se le suma la composición química de cada una de ellas, se verá que la información que tienen es increíblemente beneficiosa para el ser humano.

Aplicación de los cristales y cómo utilizarlos

Para hacer una sesión de cristaloterapia se deben seguir estos pasos:

Lo primero es descargar y energizar los cristales con los que se quiere trabajar, en este punto es importante elegir si se trabajará todo el cuerpo o algunos chakras solamente, así se puede elegir el tipo de cristal a usar en la sesión.

Luego corresponde preparar el sitio en el que se va a llevar a cabo la sesión, ya que la energía del lugar influye en la energía propia y por tanto en la sesión de la gemoterapia.

Se puede combinar la sesión de gemoterapia con una sesión de reiki, canalización, regresión, meditación o relajación. Para que la experiencia sea efectiva se debe tomar en reposo horizontal para facilitar la postura de los cristales.

Se ubican los cristales encima de cada chakra que se quiera trabajar o donde la intuición lo indique.

Hay que concentrarse en lo que quiera trabajarse en los primeros minutos de la sesión, mientras se siente la energía de los cristales trabajando, luego hay que relajarse y entrar en estado meditativo, implementando las técnicas de las otras terapias energéticas.

Se puede dedicar unos cuarenta minutos a este proceso.

Finalmente hay que retirarse lentamente cada uno de los cristales y luego se reincorpora.

Para cerrar se descargan y energizan de nuevo los cristales que se usaron en la sesión.

Los principales usos de los cristales

Cristal personal

Cuando se tiene el cristal limpio y preparado como se ha visto antes, se va a programar para que ayude en una tarea concreta.

El método es simple, aunque hay varios, claro. Algunos son muy elaborados y requieren más atención y concentración para poderlos hacer.

Hay que tener presente que el cristal no hará por uno algo antes que nosotros lo hagamos por nosotros mismos. Cuando termines para limpiar el cristal solo necesitas agua y sol o enterrarlos, más adelante se dedica una sección para explicar cómo limpiar correctamente los cristales.

Curación y remedios

Hay casi 30 tipos de piedras diferentes a las que se

atribuyen propiedades de sanación.

La gemoterapia es una técnica que es más popular cada día, sirve para tratar diversas dolencias mediante la aplicación de piedras a diversas temperaturas, ayuda a eliminar dolores de cabeza, musculares y malestares variados, cada cristal tiene una característica particular.

Elixir de cristales

Los elixires de piedras son aguas especiales que entran en vibración con una piedra preciosa, de esta manera las propiedades de una gema se pueden tomar beneficiando al cuerpo física y emocionalmente.

El uso se ha registrado en varias civilizaciones antiguas como forma de curación de la mente, cuerpo y alma.

Se puede hacer aceite de gemas, usando aceite en vez de agua, sin añadir alcohol, el aceite se puede ungir para velas, baños o para hacer un perfume, no se debe ingerir el aceite, y se deben tirar cuando desprenda un olor a rancio.

Gemoterapia para animales

La cristaloterapia utiliza cristales para equilibrar los

chakras de un animal, logrando que de esta forma fluya la energía por medio del cuerpo y mejore la condición física y emocional.

Es un tratamiento que no tiene efectos secundarios, es compatible con cualquier otro método y consiste en la aplicación de cristales y minerales, los cuales debido a sus propiedades eléctricas y magnéticas ejercen una labor sobre el sistema energético del animal.

Cada chakra se asocia con una de las glándulas endocrinas del cuerpo. Cuando uno de estos chakras se desequilibra puede haber problemas físicos, emocionales y de comportamiento.

Cuando el chakra se equilibra se pone en armonía todo, y la salud se acomoda. La cristaloterapia puede favorecer la autocuración del animal, ayuda a fortalecer su organismo y previene enfermedades, reduce el dolor en caso de lesiones y mejora la circulación de energía vital.

Puede mejorar problemas de comportamiento, sirve como apoyo a otras terapias como las flores de Bach.

Para plantas

Una de las relaciones más hermosas que hay es la

que tienen los cristales y las plantas. Los dos vienen de la tierra y tienen la misma clase de energía sutil que se activa y potencializa cuando trabajan juntos.

Muchas personas aman las plantas pero no tienen el tiempo para cuidarlas y esperan que se vean hermosas y sanas. Con los cristales se puede dar esa energía que ellas necesitan, reciben el amor y se mantienen limpias y se benefician cuando contactan con la tierra.

Baños

Las duchas se pueden convertir en un ritual de belleza y limpieza, cada que nos duchamos no solo lo hacemos a nivel físico, sino que lo hacemos de energías, por eso si nos duchamos de manera consciente esto nos ayuda a limpiarnos y sanarnos más.

El agua es maravillosa y excelente conductor universal, se asocia con las emociones y la podemos programar para nuestro beneficio, se dice que el agua es una entidad viva con conciencia.

Hay varios estudios que han demostrado cómo intervienen las energías negativas y positivas en la cristalización del agua cuando se congela, el japonés Masaru Emoto hizo varias pruebas con agua exponiéndolas a diversas palabras, emociones, dibujos y música y luego la congeló para ver el patrón de cristalización y los que tenían malas vibras se congelaban de una manera que era bastante fea comparada con el agua expuesta a buena vibra.

Meditación

La meditación con cristales se trata de usarlos para ayudar a crear resultados específicos durante la meditación. Se puede usar cualquier piedra, pero el cuarzo es realmente bueno para meditar.

Los cristales pueden ser programados, especialmente los de cuarzo, se programan para que ayuden a conseguir la relajación más fácil con la meditación.

Joyas amuletos y regalos

Las joyas se pueden hacer con gemas, son un hermoso accesorio, pero también hacen la labor de amuletos y son ideales para regalar.

Son prendas artesanales hechas a mano 100% natural. Se puede elegir la piedra que conecte de acuerdo a la intuición de cada uno y aplicarla en una joya que se puede llevar consigo cuando sienta que la necesita.

Se pueden tener diferentes prendas para cada necesidad de acuerdo a cómo se quiera trabajar la energía de cada momento. Las joyas energéticas son personales, se hacen al gusto y necesidad.

Métodos de limpieza

Limpiar una piedra no es quitarle la suciedad que tenga en su superficie, es liberarla de toda vibración nociva que pueda tener.

Por eso no se debe usar un cristal o piedra sin haberlo limpiado previamente, dado que a lo mejor haya tenido contacto con otras manos y lugares antes de llegar a nuestras manos.

En ese recorrido pudo haberse llenado de energías que no se saben si serán o no perjudiciales, cuando se limpian se hacen más receptivas y se podrá conectar mejor con ellas.

Cualquier piedra tiene el poder de liberar a las personas de la negatividad, no importa el tamaño, se debe limpiar metódicamente para asegurar la máxima efectividad.

Estos son algunos métodos para limpiar las piedras:

Sal marina

Para liberar de las piedras las energías que pudieran haber absorbido, antes de llegar a nuestras manos, la sal marina es una excelente opción, si la piedra no tiene grietas se puede dejar en agua con sal toda la noche, también se le puede agregar salvia, lavanda o albahaca, así potencia el proceso de la purificación.

Agua corriente

Otro método simple para hacer la limpieza es colocándola bajo un chorro de agua. Se puede acompañar este proceso pidiéndole al universo que con el agua se lleve todo lo negativo que tiene la piedra.

Con otras piedras

Las piedras como el cuarzo transparente, tienen la propiedad de purificar otras piedras. Para hacerlo se tiene que colocar dentro de un mismo recipiente ambas piedras.

Cuando ambas piedras entran en contacto se hace la purificación sin mediación alguna.

Con la energía de cada uno

Se le pueden trasmitir las propias intenciones de energía positiva, es una manera de conservar las piedras propias. Se puede acompañar con una petición de protección con salvia para que elimine la antigua energía, es posible aplicarla en todo el hogar para purificar el entorno y claro, las piedras.

PRINCIPALES CRISTALES Y SUS EFECTOS SANADORES

El cuarzo

Ayuda a liberar los posibles bloqueos físicos que se tengan en el cuerpo. Ayuda a las energías naturales como los puntos meridianos, de reflexología. Equilibra la energía de estos puntos físicos tanto positivo como negativo.

El cuarzo transmite equilibrio, los cuarzos corrigen los patrones de energía normal que pueden causar molestias o enfermedades.

La amatista

Es la más adecuada para el sistema endocrino y nervioso. Ayuda a purificar y armonizar el ambiente donde se coloque el tipo de cuarzo, transforma las energías negativas en positivas. Frotando este material en el lugar donde duele se puede ayudar a eliminar un dolor de espalda, de cabeza o dolores musculares, es una piedra con poder, energía y pureza.

El cuarzo rosa

El cuarzo rosa es una de las piedras curativas que más usan los profesionales de la cristaloterapia. A la mujer le genera bienestar ya que elimina las cargas que pueda tener en la capacidad de dar y recibir desde el corazón.

A quien la use le ayuda a equilibrar la energía emocional y sexual, sirve para expresar los sentimientos con calma y elimina el estrés, los celos, la ira y la angustia.

Este es un tipo de cuarzo que destruye las energías negativas y las sustituye con vibraciones de amor, libera las penas que se puedan tener y que no se hayan expresado correctamente.

El ágata

Ayuda a centrar y estabilizar la energía física, el ágata tiene el poder de generar armonía en el ying y el yang, las fuerzas positivas y negativas que mantienen al universo en su lugar. Es una piedra que calma y alivia, trabaja despacio pero lo llena de mucha fuerza.

Las ágatas son cristales claros que pueden estimular recuerdos. Ayuda a que se supere la negatividad y la amargura en el corazón. Irradia amor y ayuda a tener coraje para empezar de nuevo, es útil para cualquier tipo de trauma emocional.

El ónix

Es ideal contra las energías positivas. Es una piedra porosa y absorbente, la piedra atrae magnéticamente las vibraciones negativas y las disuelve.

Las vibraciones negativas cuando entran en el ónix se sumergen en el vacío de la nada.

Si el portador del ónix es atacado por envidias o los celos de otros, la piedra va a absorber el ataque y lo anulará. Cualquier energía negativa venga de donde venga se va a debilitar y se anulará con el contacto con la piedra.

Ayuda además a limpiar el aura y purificar. Cuando se está en contacto directo con una persona, el ónix limpia el aura, pero los beneficios no se quedan ahí, si se deja la piedra en casa, por los rincones de la habitación, el ónix va a purificar la casa, si se coloca debajo de la cama donde se duerme, se va a liberar de pesadillas y ayudará a tener un sueño tranquilo.

Sirve también para transformar las malas intenciones, si alguien intenta usar el ónix para hacer daño, la piedra transforma toda esa intención contra quien intente usarla para este fin.

La cornalina

Es una piedra que se recomienda para las personas con mala memoria. Ideal para las personas que tienen algún bloqueo creativo, por ejemplo para que las parejas que quieren tener hijos, es decir, es perfecta para los tratamientos de fertilidad. Es un excelente amuleto para las enfermedades y los problemas de salud, puede ayudar si se sufre de insomnio, calambres menstruales, asma, reumatismo, problemas digestivos, psoriasis, entre otras.

La aventurina

Ayuda a reforzar las cualidades de liderazgo y decisión, promueve la compasión y la empatía y ayuda favorecer la perseverancia.

Ayuda a que se estabilice el estado mental y estimula la percepción y potencia la creatividad. La aventurina crea un sentimiento de bienestar y equilibra las energías masculinas y femeninas a la vez que le brinda protección al chakra corazón.

A nivel curativo beneficia el sistema nervioso y estimula el metabolismo. Tiene efectos antiinflamatorios y alivia los problemas de la epidermis.

El ojo del tigre

El ojo de tigre es un cuarzo de color amarillo y pardo dorado en bandas, tiene reflejos tornasolados, es una piedra semipreciosa que se le conoce como la piedra de la libertad.

Excelente para estimular la riqueza, se usa como protección contra cualquier tipo de peligro y ayuda conseguir los objetivos, reconoce las fuentes internas y promueve la capacidad de intención. Integra los hemisferios cerebrales y potencia la percepción práctica. Ayuda resolver problemas y conflictos internos, especialmente en los causados por el orgullo y la obstinación.

La calcita azul

Es un poderoso amplificador y limpiador de las energías. El solo hecho de tener calcita en la habitación sirve para limpiar las energías negativas que haya en el entorno y potencia las reservas personales, así como retira la energía que se estanca en el cuerpo, es una piedra espiritual que facilita la apertura de la conciencia y mejora las capacidades psíquicas.

Conecta con las emociones, ayuda a sentirse más intelectual mejorando la inteligencia emocional.

Mentalmente ayuda a relajar la mente, enseña a discernir y analizar, estimula las percepciones y potencia la memoria. La calcita alivia la tensión emocional y la reemplaza por serenidad ya que es una piedra que estabiliza.

El Jaspe

El jaspe posee muchas propiedades energéticas. Esto lo ha convertido en nutrición suprema, se debe a que la piedra sustenta y ofrece apoyo al organismo en momentos donde se siente tensión.

Por eso le aporta tranquilidad y unifica los aspectos de la vida, es así que se genera el sentimiento de ayudar a otras personas. El uso del jaspe va a hacer que los chakras y el aura se alineen y se puedan trabajar.

Los efectos cambian de acuerdo al color de la piedra,

cada una afecta a un chakra en específico, facilita los viajes chamánicos y el recuerdo de los sueños.

Se puede equilibrar el ying y el yang con el jaspe y se puede entrar en sintonía con las emociones, el cuerpo y la mente.

A nivel mental el jaspe agiliza los procesos de pensamiento, las capacidades organizativas y la resolución de los proyectos, igualmente las capacidades de la imaginación, esto lleva a cabo ideas en el aspecto psicológico y aporta honestidad y coraje para enfrentar los contratiempos.

A nivel físico el jaspe hace que el placer sexual sea más intenso y duradero, también hace que el cuerpo se sienta más energético, en función del color de la piedra las propiedades del jaspe varían hacia cierto tipo de aplicación.

El cristal de cuarzo o cristal de roca

Es una piedra que protege, amplifica la energía positiva y rechaza las energías negativas. El cuarzo siempre ha estado en todas las culturas, se presenta en los altares, como en las mesas porque es un mineral que focaliza la energía.

Ya en la antigüedad se utilizaba el cuarzo de cristal,

se le consideraba una gema de mucho valor, el prestigio que tenía por entonces es mucho mayor del que tiene ahora. Dice una historia que Nerón se hizo tallar dos copas de este mineral para poder beber en las grandes ocasiones ya que se pensaba que el cuarzo de cristal atraía el favor de los dioses.

Los árabes también hacían hermosos amuletos con esta gema para poderse asegurar la buena suerte. Por su belleza y propiedades siempre ha sido una de las gemas que prefieren los talladores de todos los tiempos.

El Jade

El jade es muy favorable para el amor, si se coloca debajo de la almohada va a producir sueños significativos, los objetos decorativos de jade eliminan las malas vibras del hogar.

Es una piedra de la suerte, por eso es muy usada en amuletos. Se relaciona con el cuarto chakra, el del corazón, la piedra favorece la salud emocional.

Se usa para incrementar la concentración y alcanzar estados de meditación logra la serenidad, la paz y la visión clara.

El jade sirve como protección contra los problemas

y los accidentes, al hacerse magia de protección con una pieza de jade en el altar, se puede rodear con cuatro velas de color purpura e incrementa el poder del hechizo.

Se cree que la piedra de jade tiene el poder sobre el clima, se acostumbraba en la antigüedad a arrojar con mucha fuerza estos cristales al mar, para atraer lluvia, nieve o niebla.

TRES TERAPIAS BÁSICAS CON CRISTALES

Viaje chamánico con cristales

El viaje chamánico con cristales, es una sesión en la cual la persona emprende una visualización o viaje interior, guiado a través de distintas capas de su campo luminoso o aura en busca de información acerca del origen de un tema en concreto que le está preocupando y ayudarlo a conectar con su sabiduría interna en aras de conseguir una solución armónica.

¿Cómo se realiza?

La persona está conscientemente activa y escoge los cristales con los que desea trabajar, se tiende en el suelo sobre una colchoneta, los cristales y gemas se distribuyen encima del cuerpo y el aura de manera intuitiva, los mismos cristales ayudan a buscar posición con los archivos del inconsciente que guardan información precisa que se requiere. Esto hace que sea un proceso muy eficaz y sanador, y por encima de todo transformador.

Las visualizaciones son efectivas en este proceso, se hacen diversas técnicas de respiración y algunas puntuales de PNL que el chamán ordena en su momento que se sigan.

Cuando se termina, se hace un intercambio de impresiones sobre los insights o las visiones y el conocimiento nuevo que se tiene.

Estas son las razones por las que se debería tomar un viaje de estos:

- Cuando se necesite resolver algún conflicto interno o con las relaciones con otras personas.
- Para conocer la raíz de un problema y resolverlo, la raíz de una enfermedad, de fracasos, saboteos, creencias limitantes...
- Conseguir sanar las propias heridas.
- Recuperar talentos o valores importantes.
- Conectar con el alma, la sabiduría y los mensajes para la vida.

Esta es una sesión que puede hacerse en un par de horas.

Rueda medicinal con cristales

Una rueda medicinal con cristales, es una ceremonia de introspección, con raíces chamánicas y adaptada al trabajo con gemas, se muestra especialmente eficaz y reveladora acerca de cualquier tema que se celebre y del que se quiera obtener información precisa.

Es una rueda que permite comprender los ciclos de la vida, es un círculo sagrado que está dentro de nuestro ser y se expresa hacia el exterior, es nacimiento, muerte y renacimiento.

Es un círculo que no tiene inicio ni final. Un mandala de sanación que purifica tanto dentro como afuera, eleva el alma y recarga el espíritu. Comprende el cuerpo y la mente, el espíritu y el corazón, es un círculo mágico que abarca toda la vida.

La rueda es como su nombre lo indica: un diseño circular, formado con cristales y gemas diversas, escogidas por intuición por quien va a ser el participante, y que desea conocerse a través de ellas.

La rueda gira en torno a las cuatro direcciones o puntos cardinales y representa un aspecto a adquirir.

- Sur: sanación.
- Oeste: muerte, transformación, cambios.
- Norte: conocimiento y sabiduría.
- Este: nacimientos, trascendencias.

Recorriendo la rueda se puede acceder a una perspectiva más amplia de las situaciones que causan preocupaciones. La rueda es un mapa de la situación, una representación gráfica del momento vital, se puede leer e interpretar de manera intuitiva.

Las ceremonias se hacen en un espacio sagrado creado para la ocasión, en una atmosfera meditativa de introspección y apoyo espiritual.

Sirve para estos momentos de la vida:

- Para autoconocerse y reconocerse.
- Cuando hay dudas existenciales sobre cualquier tema que inquiete.
- Al enfrentar desafíos en la vida para el cual no se tiene preparación y se desee profundizar en las posibilidades interiores.

- Para ver las situaciones que preocupan desde diversos ángulos y sus implicaciones.
- Cuando se precise asesoramiento interno para emprender una nueva actividad, un sueño o proyecto.
- Para recordar los propósitos del alma, la misión.

La sesión toma alrededor de un par de horas.

Cristaloterapia o gemoterapia

La cristaloterapia es una forma de medicina alternativa que usa los cristales de cuarzo para generar beneficios a nivel físico, energético, mental y emocional.

Sirve para tratar algunas enfermedades sin necesidad de ir por fármacos. Sirve para tratar la anemia, los ataques de ansiedad, el reflujo, la depresión, entre otros.

Muchas afecciones pueden ser originadas por un mal funcionamiento de las energías, derivado de causas emotivas, psicológicas o mentales, es ahí donde la cristaloterapia actúa para reconocer esos bloqueos y actuar por medio de los minerales en los puntos energéticos.

PASOS PARA ACTIVAR Y DESPERTAR LA ENERGÍA DEL CRISTAL

Paso #1: La limpieza del cristal

Para limpiar los cristales hay muchos métodos, estos son los principales y se asocian a los cuatro elementos: fuego, agua, aire y tierra.

Con agua y sal

Cuando se compre un cristal nuevo lo primero que se tiene que hacer es limpiarlo de las energías anteriores, el primer método se relaciona con el elemento agua y con sal.

Se puede sumergir entre seis y doce horas en un recipiente con agua salada, cuando se haya pasado este tiempo se puede aclarar el cristal debajo del agua corriente del grifo.

Luego se seca con un trapo de algodón, adicional se le puede dar un mimo especial con un poco de agua de rosas sobre él. Luego se llena de energías poniéndolo a que le dé un poco de sol matutino, puede ser por unas tres horas.

La limpieza debería hacerse luego de usarse en una terapia y cada que se sienta que el cristal está lleno de energía negativa.

Es una limpieza apta para la mayoría de cristales, exceptuando los que son sensibles al sol como la celestina, o los solubles al agua como la selenita, tampoco se debería emplear para los cristales porosos o con grietas o para los unidos por una matriz como las drusas o geodas.

Esto porque se pueden dañar, perder el brillo o romperse por ablandamiento.

Lo mejor es usar sal marina o sal del Himalaya, ya que la sal común tiene muchos aditivos que la hacen inservible para estos procesos de limpiezas energéticas.

Tierra

Una manera de limpiarlo es enterrando la piedra por

un tiempo para que la propia tierra le elimine las energías que tenga cargadas.

Cuando se extrae queda lista para usar, solo con lavarla un poco vuelve a su pureza para actuar en la persona

Paso #2: Carga energética

Hay diversas maneras de cargar las piedras:

Con el sol

Se puede usar la energía del sol para recargar los cristales, simplemente se dejan en la ventana o en un lugar donde reciban los rayos del sol, es importante colocarlos luego del amanecer cuando el sol está en el cielo y recogerlos antes de atardecer. Aunque como se explicó en el punto anterior se puede dejar por unas tres horas y es suficiente.

Es ideal para las gemas relacionadas con el elemento fuego, como el cuarzo cristal, la cornalina, el cuarzo citrino, ojo de tigre, jaspe rojo, ónix, pirita, rodocrosita, ojo de gato, obsidiana, hematites y lluvia de oro.

Con la luna

Otra de las fuentes para recargarla es la luna. La luna llena es la ideal, se dejan en la noche y se recuperan antes del amanecer, impregnadas de grandes influjos psíquicos.

Los cristales de vibraciones receptivas como la selenita, la turquesa, jade, cuarzo rosa, kunsita, lapislázuli, howlita blanca, ónix blanco y aguamarina, son especialmente sensibles a los influjos de la luna por lo que se puede aprovechar la predisposición y amplificar el alcance de la intención.

Con la tierra

Enterrar las piedras es una manera de limpiarla como se mencionó antes pero también para recargarlas.

Se puede realizar durante 24 horas consecutivas, aunque es preferible hacerlo durante las noches en una maceta, en el jardín o en un bosque con lugares donde sea fácil encontrarla después.

Con el frío

Se colocan los cristales limpios en la nieve o incluso en la heladera, es un método poco usado para recargarlos, dado que las temperaturas extremas pueden afectar la estructura de las piedras.

No obstante en caso de que se decida hacerlo, el

tiempo de exposición no debe ser mayor a 30 minutos.

Paso #3: Programación del cristal

Este es un paso clave en la gemoterapia, el éxito del trabajo de un cristal depende de que se le sepa transmitir el objetivo que se quiere lograr. Eso se logra estableciendo desde el primer momento una relación de armonía con el microcosmos cristalino, dedicando a ello todo el tiempo que requiera.

Cuando se habla de programar un cristal se refiere a una intención concreta con la que se va a trabajar, es como si se hablara de un programa de ordenador que viene a cumplir una función específica, esto se hace creando vínculos energéticos estrechos con los minerales y se ordenan las energías para que trabajen en lograr un objetivo.

Se puede decir que la programación comunica al cristal cuál es la intención, el objetivo que ha llevado hasta él. Puede ser aliviar una enfermedad, superar trastornos, conseguir protección…

Para poderlo programar se busca un lugar tranquilo de la casa, se tumba con el cristal al frente y las manos sobre el chakra del tercer ojo.

Cuando se esté relajado se comienza a visualizar la situación o el objetivo que se quiere afrontar, se deja que el cristal haga su efecto por medio del chakra y aporte la serenidad, la calma y la fuerza que se necesita.

Se puede programar también con un pensamiento de amor hacia una persona querida, con la voluntad de finalizar con éxito un proyecto, reconciliarse con alguien, eliminar miedos, celebrar festividades, realizar hechizos, quitar la ira…

Se puede programar con el sonido energizante de la campana o el cuenco tibetano, una opción es traer un recuerdo feliz, la imagen de un paisaje, un rostro, llamando a deidades, entes espirituales o energéticos para que toquen el cristal y lo bendigan.

Las posibilidades son inmensas, se puede programar para enfrentar situaciones como salir airosos de una entrevista de trabajo, prepararse para una jornada estresante, una protección mágica, declarar el amor a alguien, cada quien tiene la manera de hacerlo y lo más importante es que funciona.

Es un proceso que toma unos quince minutos, se debe repetir por varios días, visualizando lo que se quiere lograr. Sintiendo la calma y la fuerza para hacerlo, cuando pasen estos días el número va a depender de la importancia que tenga el cometido.

Se puede probar colocándose el cristal en el tercer ojo sin pensar en más nada, dejando la mente en blanco y concentrándose en la respiración, sin esfuerzos, trayendo a la mente la imagen que se ha estado practicando previamente, con una sensación de serenidad, esto significa que el cristal se programó.

7

PRÁCTICAS AVANZADAS PARA LA SANACIÓN CON CRISTAL

*S*anación y re-equilibrio de los centros energéticos

La terapia con los cuencos de cristal es efectiva, sea que se trate de la propia energía o la de otra persona. El cuenco de cristal al ser golpeado suavemente tres veces produce un sonido determinado que se asocia a cada uno de los chakras.

Cuando se mezcla cada sonido, el terapeuta encuentra la mejor combinación para equilibrar cada uno de los centros de energía. Es importante que se reconozca cuál es la mejor forma de encontrar el equilibrio en cada persona, porque algunos pueden funcionar de una manera y en otros de otra. Pero sin duda se puede lograr el mejor resultado.

Contención del campo áurico para los demás

Todos los pensamientos, experiencias y sentimientos se reflejan en el aura, así como la energía que se atrae al entorno. En este sentido el alma refleja la energía y atrae a otros cuerpos y ambientes.

El aura de una persona no es estática, cambia con el tiempo, con la evolución personal y espiritual y con el entorno.

Se puede cambiar la vibración del aura con la intención y con ejercicios de visualización.

El aura es un reflejo que influye en la salud física, mental y emocional, la limpieza del aura es importante para vivir una vida sana y en paz.

Cuando se siente agotamiento, falta de energía, se ha estado irritable y con mal humor, o no se acaba de recuperar de un resfriado, se necesita limpiar el aura y balancear los chakras con los cristales.

Activación de dones y talentos con la Geometría Sagrada cristalina

La importancia de la geometría sagrada es la de equilibrar los hemisferios del cerebro. Las experiencias de meditación, la intuición y creatividad, que se dan en el hemisferio derecho, que rige lo intuitivo, emocional y sensitivo y se relaciona con la energía femenina.

El hemisferio izquierdo se vincula con el pensamiento lógico y matemático.

Cuando se tiene alguna experiencia mística, como pudiera ser una meditación, esta se da en el hemisferio derecho, generando paz y armonía. Al salir de ese estado y analizar la experiencia, comienza a trabajar el lado izquierdo que no está entrenado para este tipo de experiencias y acude la razón, llegando a la conclusión de que la experiencia solo fue producto de la imaginación.

Con la geometría sagrada se logra la sincronicidad de ambos lados del cerebro y da percepción a las imágenes, las formas, los colores, las experiencias místicas y los niveles meditativos que se logran con la contemplación o los dibujos mandálicos, procesos que se dan en el lado derecho, todo lo que se relaciona con la geometría implica matemáticas, ordenamiento espacial, proporciones, iconografía y razonamiento, se procesa con el lado izquierdo.

Así el lado izquierdo se involucra en la situación sin cuestionarla ni sabotearla. Más bien la apoya y logra un marco lógico, una comprensión intelectual para explicar los estados sutiles del ser.

La geometría sagrada es la matriz para la vida, la preservación de la existencia, tiene forma helicoidal basada en una espiral de dodecaedros desdoblados.

Los patrones están en las moléculas de todos los elementos físicos, en las fórmulas químicas en las ondas de sonido, en cada partícula del universo. Sin la geometría sagrada no habría vida.

Las figuras más sagradas son los cinco solidos platónicos, el círculo y la espiral.

Los sólidos platónicos son:

- El tetraedro.
- El icosaedro.
- El cubo.
- El dodecaedro.
- El octaedro y
- las espirales: la Áurea y la Fibonacci.

Se le llama platónicos porque Platón fue el primero en estudiar a profundidad la geometría y le asignó características metafísicas. Los sólidos platónicos son formas totalmente simétricas que tienen lados y ángulos iguales y caben dentro de la matriz universal que es la esfera.

Dentro de este proceso se encuentran dos espirales, la Áurea y la Fibonacci.

La Áurea es una es una espiral cósmica como la galaxia, no tiene principio ni fin, se llama la divina proporción y se basa en el número áureo o phi, el 1,618, que se repite de manera indefinida en la naturaleza y es un valor creador del universo.

La Fibonacci es una espiral que empieza en un punto determinado y sigue una proyección aritmética y es una repetición constante en el crecimiento de las especies

Con los cristales se debe manejar la geometría en las formas de cada uno de ellos, que sea Cubo, Icosaedro, Tetraedro, Octaedro, Bola, Estrella Merkaba y Dodecaedro.

Según quien lo trate puede aplicar cada pieza en el chakra determinado y de esta manera activa los dones que se quieran desarrollar.

La recomendación es que se use así: amatista (chakra corona), cornalina (chakra sacra), jade amarillo (plexo solar), aventurina verde (chakra del corazón), lapislázuli (chakra de la garganta), cristal transparente (chakra del tercer ojo), jaspe rojo (Chakra de la raíz).

La Pirámide de Cuarzo: Técnica de sanación avanzada usada en la antigua Atlántida

En muchas civilizaciones antiguas el cuarzo ha sido considerado una fuente de grandes poderes sagrados y mágicos. También se sabe que las pirámides producen un campo de fuerza de iones negativos beneficiosos para la salud. Los médicos en Cuba, por ejemplo, luego de estudiarlo en universidades usan las pirámides para muchas de sus terapias.

El poder de los cristales con las pirámides talladas y pulidas según la proporción áurea, sirven para muchas de las aplicaciones que le dé el usuario.

Permite que el cuarzo abra los sentidos de la mente y el corazón y facilita que el espíritu se transmita y traduzca al mundo físico, las pirámides mantienen el patrón de energía previamente aplicada sobre una vibración armónica limpia.

Este es el mejor uso que se le puede dar a las pirámides:

Primer paso: Limpiar o descargar la pirámide de cuarzo

- Se toma una profunda y lenta inspiración mientras se focaliza en la pirámide con la intención de limpiarla y descargarla de energías pasadas.
- Ahora se expira el aire de un golpe por la nariz.

Segundo paso: Cargar la pirámide de cuarzo

- Se puede cargar con amor y bienestar, primero toca sentir el amor dentro de sí mismo, ayuda que se acuerde de alguna experiencia real vivida de amor, con una persona querida, incluso con un animal doméstico.
- Se inspira profundamente mientras se siente el amor y el bienestar.
- Se aguanta la respiración focalizándose en ese sentimiento.
- Finalmente se expira el aire de golpe con la intención de inyectar el amor y bienestar dentro de la pirámide de cristal.
- Si se hizo correctamente se siente la

vibración y esto resuena en la pirámide de cuarzo. Algunos lo describen como un sonido en la mente, otros como una leve vibración en el pecho, la mayoría de las personas la sienten al primer intento.

Una vez que se hace se repite el segundo paso para cargar otro tipo de energía o programación distinta al amor. Cualquier meta se puede visualizar primero para luego introducirla con el mismo método.

Por ejemplo si la mascota está enferma se puede visualizar ya curado. Jugando con él, visualizándolo con todas las sensaciones que le acompañan.

Usos de las pirámides:

- Para armonizar los espacios, poniéndola donde se desee, pero a medio metro de los aparatos eléctricos para que no afecte los campos.
- Ponerlas al lado de una ventana por donde entre el sol, así dispersa la energía positiva.
- Para dormir profundamente o para mejorar el sueño. Se pone en la mesa de noche y tiene resultados increíbles.

- Para meditar, vacía la mente y logra estados meditativos más profundos.
- Se puede meditar imaginándose dentro de la pirámide de cuarzo, conectando desde la tierra hasta el cielo, sintiendo el espíritu cristalino, como el cuarzo.

El radio de acción de la pirámide no tiene límites, estudios demuestran que mediante la imaginación y la intención es posible cargarlas aunque estén a una considerable distancia. Aunque lo mejor es tenerlas cerca, en la misma habitación donde se quiere que actúen.

Las pirámides deben usarse con buena intención, de manera positiva, para cargarlas se ponen al sol y para limpiarlas tal como se señaló con cualquiera de los tipos de purificación aquí descritos.

Dicho todo esto, solo queda que se elija la piedra que conecte o que ella le elija y se comience a experimentar en este maravilloso mundo.

CONCLUSIÓN

Desde épocas antiguas se considera arte y a la vez ciencia el uso de las piedras. Siempre se ha usado con fines terapéuticos, basándose en las propiedades de cada gema.

Ya se sabe que colocándose las gemas en lugares estratégicos se consiguen beneficios para el cuerpo.

Las gemas son como baterías naturales capaces de absorber, transmitir y retener energía, pueden activar el ritmo de circulación de energía de cada uno.

Nuestros vórtices de energía pueden ser activados por medio de los cristales, logrando así un equilibrio.

Hay una paleta de técnicas y casi treinta piedras preciosas, queda que ella conecte y la intuición haga el resto.

www.ingramcontent.com/pod-product-compliance
Lightning Source LLC
Chambersburg PA
CBHW060410080526
44583CB00012B/524